LES FOURMIS

DU PARC DE VERSAILLES,

RAISONNANT ENSEMBLE

DANS LEURS FOURMILIÈRES;

FABLE ALLÉGORIQUE

ET PHILOSOPHIQUE,

Traduite de l'Anglais par feu CH..... L......
de Bel..

Hic piscis non est omnium.

A LONDRES, chez VOLF, Golden-Square,
Et se trouve à Paris, chez les Marchands de
Nouveautés, au Palais ci-devant Royal.

1803.

Avertissement de l'éditeur.

Cet ouvrage posthume, trouvé par hasard, n'a été imprimé que pour faire voir à quel degré de licence sacrilège, se livrent les écrivains Anglais qui ne sont ni éclairés comme nous, par les lumières de la révélation, ni contenus par le respect dû à toutes les institutions religieuses, et combien les écarts de l'esprit humain, ces vaines subtilités scolastiques, doivent inspirer de pitié à quiconque sait leur opposer une foi vive, une croyance aveugle, et à l'épreuve de toute espèce de raisonnemens, ij

telle que nous le recommandent avec tant de raison les pères de l'église les plus éclairés.

Ceux-là en effet qui paraîtraient craindre que l'incrédulité ne triomphât des vérités de la religion, d'une religion dictée par Dieu même, comme tout le monde sait, et qui oseraient vouloir défendre, étayer un ouvrage tout divin, ne seraient-ils pas encore plus coupables que ceux qui cherchent follement à le détruire en laissant croire qu'ils ne comptent pas beaucoup sur l'assurance positive qui lui a été donnée, que cette religion sainte, la seule vraie, quoiqu'en disent toutes les autres, braverait dans tous les siècles, les

les vains efforts de ses ennemis, et que les portes de l'enfer ne prévaudraient jamais contr'elle ? *C'est de part et d'autre une incrédulité condamnable à notre avis, et aussi injurieuse à l'Être suprême, qu'incompatible avec une véritable piété.*

Ce qui nous a déterminé encore à le publier, c'est que le principal objet de l'auteur, nous paraît être de ramener tous les hommes à la paix, à une tolérance universelle, quelles que soient leurs opinions politiques et religieuses, et que cette intention bienfaisante, doit en quelque façon le faire absoudre de la trop grande liberté sans doute, avec laquelle il a développé des principes hétérodoxes, qu'une saine logique peut bien avouer, mais absolument inconciliables avec ceux du christianisme dont la vérité ne peut être contestée, puisque l'église nous enseigne positivement que les livres qui les renferment, ont été dictés par Dieu même, et que dans ces livres, Dieu nous ordonne de croire tout ce que l'église enseigne : ce à quoi tout le monde conviendra qu'il n'y a rien à repliquer.

Quant au traducteur, qui ne se montre pas tout-à-fait aussi dogmatique que son auteur, et qui même a joint à son ouvrage quelques notes, pour en relever les erreurs, il nous a semblé que sans nuire à la précision des idées, il aurait pu s'attacher moins servilement au sens littéral, de manière à respecter d'avantage les oreilles du plus grand nombre des lecteurs; mais comme on vient de le dire, elles sont sans danger, et elles feront l'effet qu'elles doivent produire tant sur l'esprit de ceux qui raisonnent, que sur celui des gens qui ne raisonnent pas.

Son style n'est pas recherché, parce que les matières philosophiques, n'ont pas besoin de parure, qu'elle y serait même déplacée : de l'ordre, de la clarté, de la méthode, voilà tout ce qui leur convient, et cependant ce sera peut-être un défaut aux yeux de tant de beaux esprits, qui trouvent beaucoup plus commode s'occuper des mots, que des choses, et qui n'affectent de se récrier si fort contre les abus de la métaphysique, que parce qu'ils seraient incapables de lire et d'entendre un chapitre de Lock, ou de Malebranche: ce sont des enfans qui battent leurs nourrices. Aussi, comme l'annonce l'épigraphe, l'auteur s'attend bien qu'il ne plaira pas à tout le monde ; et quand les uns en diront du bien, que d'autres en feront une satire amère, tout sera comme il doit être.

LES FOURMIS

DU PARC DE VERSAILLES,

RAISONNANT ENSEMBLE

DANS LEURS FOURMILIÈRES.

Quelque temps après la construction du château et du parc de Versailles, Dieu, pour s'amuser un moment, ayant donné aux Fourmis qui s'y établirent, la faculté de parler, de raisonner, de s'entendre ensemble, elles commencèrent par balbutier, et à n'exprimer par différens sons, que leurs plus pressans besoins; ensuite elles se formèrent un jargon propre à chaque fourmilière, et les plus intelligentes d'entr'elles ayant étudié ces différens idiômes, elles purent bientôt se faire entendre passablement, et communiquer avec presque toutes les fourmilières du parc.

Cette communication établie, les Fourmis apprirent qu'il y en avait de différentes grosseurs, de différentes couleurs, de blanchâtres, de noires, de basanées; séparées les unes des autres par des intervalles immenses, de grosses roches, des bassins profonds; heureuses dans quelques contrées, mais malheureuses dans le plus grand nombre; que sur le bord des routes et des avenues, elles étaient exposées à être écrasées par les voitures; d'autres à être noyées par les jets d'eau et les cascades; que les volcans, les feux d'artifice en épouvantaient, en faisaient périr une grande partie dans certains jours de l'année; et enfin, que les trop grandes pluies ou les trop grandes sécheresses faisaient quelquefois disparaître les peuplades les plus florissantes, tandis que d'autres, situées dans l'intérieur du parc, étaient presque toujours à l'abri de ces fléaux.

Elles en conclurent tout bonnement, que dans le palais ou ciel, au haut du parc, il devait y avoir deux maîtres ou monarques, qui présidaient l'un au bien, l'autre au mal qui leur arrivait. Les Fourmis les plus rusées d'entre-elles, s'emparant de ces premières notions, persuadèrent aisément à la multitude que le seul moyen de se les rendre favorables, d'exciter leur pitié, d'appaiser leur colère, était de leur offrir en présent ce qu'elles avaient de plus précieux ; elles se dirent leurs ministres inspirés par eux, en annonçant de leur part, des évènemens sinistres ou agréables, au gré de leurs passions ou de leur intérêt : voilà quelle fut l'origine de cette domination théocratique, qui bientôt s'introduisit dans presque toutes les fourmilières du parc, et exposa les Fourmis les plus distinguées, à leur servir de victimes, à être immolées comme les plus vils insectes de leurs habitations.

Cependant les lumières se communiquant de proche en proche, on ne tarda pas à soupçonner la fourberie de ces prétendus inspirés ; on trouva ridicule ces deux premiers êtres invisibles, ces Dieux toujours aux prises l'un avec l'autre. Les uns prétendirent que chaque établissement avait son Dieu particulier ; que les canaux, les bosquets, les terrasses avaient chacun leur divinité tutélaire qui veillait à leur conservation : d'autres soutinrent au contraire que cette pluralité de Dieux, ce polythéisme était impossible ; qu'un seul avait tout créé, tout ordonné ; qu'il résidait dans le grand château appelé ciel ou paradis, d'où il dirigeait à son gré les destinées de son empire ; et cette doctrine de l'unité d'un grand architecte, ayant prévalu dans presque toutes les fourmilières, il s'éleva bientôt parmi les plus instruites, deux classes particulières de Fourmis, qui cherchèrent à subjuguer la multitude par leurs opinions différentes.

La première, composée de ces fanatiques, de ces illuminés, qui enseignent que la raison ne sert qu'à nous égarer; qu'il faut les en croire sur leur parole; que Dieu même leur a révélé ses secrets les plus intimes, et que tous ceux qui ne les croyent pas, qui les soupçonnent tant soit peu d'être des fourbes ou des insensés, seront condamnés à des flammes éternelles.

La seconde, composée d'incrédules ou raisonneurs, qui n'admettant pour vrai que ce qui porte tous les caractères de l'évidence (1), sachant douter de ce qui leur paraît douteux, et niant sans façon tout ce qui est marqué au coin de l'erreur ou de l'imposture, croiraient outrager la divinité que de lui attribuer les extravagances, les inepties, les cruautés même dont ces enthousiastes n'ont pas honte de la rendre coupable.

Alors les Fourmis un peu hupées, un peu questionneuses, ne savent plus à qui entendre. On leur dit dans quelques fourmilières : le maître de ce parc, de ce monde, vous a créées à son image; vous parlez, vous voyez, vous entendez, vous marchez comme lui; tout ce qui est ici, tout ce qui vous environne, a été fait pour votre plaisir et pour votre usage; ces lumières brillantes, ces réverbères ou étoiles que vous appercevez la nuit, par un temps calme, aux environs du grand château, n'ont été placés là et n'y sont entretenus que pour vous réjouir la vue quand vous ne dormez pas : ces météores ignées, ces globes de feu dont la marche irrégulière vous étonne et vous épouvante de temps à autre, ne viennent que du frottement de quelques cailloux qui se détachent du sol, de quelques vers luisans qui se traînent sous la mousse, ou du flambeau dont se sert le maître du parc dans ses voyages nocturnes, pour surveiller vos habitations ; et cet astre beaucoup plus considérable, dont l'éclat vous éblouit la journée, et autour duquel vous tournez sans cesse, n'a d'autre destination, sans contredit, que de vous procurer et la clarté et la chaleur nécessaires à votre existence. Vous avez droit de vie et de mort sur tous les animaux qui n'ont pas comme vous, une ame spirituelle, quoiqu'ils naissent, vivent et meurent de même ; il vous a donné à vous seules cette ame, afin que vous puissiez lui adresser des vœux, des prières, afin qu'ayant la conscience du bien et du mal, il eût le plaisir ineffable de vous récompenser en très-petit nombre, comme il vous l'a dit formellement, et de livrer tout le reste à des tortures sans fin ; il vous a donné la faculté de raisonner, mais à condition que vous ne raisonneriez pas, et que vous vous laisseriez diriger aveuglément, par nous qui sommes ses vrais ministres, ses interprètes fidelles, entièrement incapables de vous tromper, comme vous n'en doutez pas.

Il y a bien dans ce parc, quelques fourmilières qui n'ont jamais entendu parler de cette prédilection consignée dans nos livres les plus authentiques, et dictée par le grand Être lui-même ; des fourmilières réprouvées, où l'on prétend que pour être sauvé, il ne faut en mourant que tenir la queue d'un rat, ou se baigner dans quelques gouttes d'eau claire ; d'autres où l'on enseigne que le maître du parc ne vous a créées que comme de petites machines dont la destinée est irrévocable, et qui, après votre mort, aurez la jouissance des plus belles Fourmis dans son palais, pourvu que vous pratiquez le bien pendant votre vie, et que vous croyez en lui et à son envoyé, etc. etc. Mais toutes sont dans l'erreur, toutes sont perdues sans ressource, quelque bien qu'elles fassent : elles seront éternellement punies pour avoir ignoré l'existence de ces livres sacrés, dans quelqu'impuissance qu'elles aient été de les connaître ; et vous, quoique situées dans le coin le plus reculé, le plus désert, le plus misérable de ce parc, vous n'en êtes pas moins sa fourmilière chérie, pour laquelle il est venu parmi vous, revêtu de votre propre figure, tout exprès pour se faire pendre en place publique, et par ce supplice honteux, vous racheter, vous régénérer, c'est-à-dire, vous rendre meilleures à l'avenir; ce qui, comme vous voyez, a produit un effet merveilleux.

En se transformant ainsi en Fourmi, il a voulu réformer ou expliquer lui-même ses nouvelles lois : en vous prescrivant un nouveau culte, il nous a intitulé ses représentans, ses vice-Dieux, et après avoir mis tout naturellement dans un repas de cérémonie, son corps dans sa bouche, il nous a donné le pouvoir par des paroles mystiques, de le faire descendre de son palais dans de petites gaufres aussitôt métamorphosées en sa propre substance, et de l'avaler tous les matins, comme une pilule, pour votre sanctification et la nôtre; il nous a donné encore le pouvoir, par des paroles et des gestes d'une autre espèce, de vous ouvrir ou de vous fermer les portes de ce même palais, quelques crimes que vous ayez commis, pourvu que vous nous en fassiez amicalement une confidence dont nous n'abusons jamais; pourvu que vous nous fassiez des largesses honnêtes, et suivant les circonstances.

Si vous mourez bien contrites, bien croyantes, après avoir avalé bien respectueusement cette petite gaufre, après vous être fait graisser les pattes de devant et de derrière, et nous avoir révélé tout ce que vous avez de plus secret, comme nous venons de le dire, nous vous jurons, foi de Fourmi, foi d'inspiré, que vous irez par la ligne la plus droite, dans le palais ou ciel (2), au haut de ce parc, où nichées dans quelques coins que nous ne pouvons pas vous indiquer bien précisément, vous serez éternellement en contemplation du maître qui l'habite (ce qui est sans contredit un plaisir délicieux!); si non vous irez dans un cloaque appelé enfer, situé sous vos pieds, où vous, c'est-à-dire vos ames, toutes spirituelles qu'elles sont, seront grillées, rôties, tourmentées sans fin, comme si c'était de la matière toute pure.

Vous trouverez bien quelques penseurs hargneux, quelques prétendus esprits forts, qui auront l'audace de nous contredire et de soutenir que nous ne sommes que des fourbes et des charlatans, qui abusons de la faiblesse d'esprit de la multude, pour lui faire croire des contes de peau d'âne, et mettre son argent dans notre poche; mais comme ils n'ont jamais à vous opposer que les lumières seules de la raison, les principes ordinaires du bon sens, et que nous vous avons suffisamment prouvé combien il faut être en garde contre les prestiges de cette raison perfide, abandonnée à elle-même, il est évident qu'il vaut beaucoup mieux pour vous, nous en croire aveuglément et sans aucun examen : d'abord, parce que nous sommes institués de droit divin, comme vous le savez, pour diriger vos pensées, et ensuite, parce que vous seriez à coup sûr, damnées sans miséricorde, si vous doutiez un moment de ce que nous vous disons; ce qui est clair comme le jour.

D'un autre côté, les incrédules, les raisonneurs qui sont nés avec une tête bien organisée, ne veulent pas démordre de cette raison, leur seule boussole dans ce fatras d'idées superstitieuses, et après être montés au sommet des roches les plus élevées, à la cime des plus hauts chênes, où ils ont observé avec un long tuyau de paille, que dans un espace immense dont ils ne pouvaient ni découvrir, ni concevoir la fin, ils appercevaient distinctement et à des distances différentes, cinq à six autres parcs ou mondes, de différentes grandeurs, connus sous le nom de *Marly*, *St.-Cloud*, *Meudon*, *Bellevue*, *Boulogne* et *St.-Germain*, dans le plus grand éloignement, avec de petits enclos ou satellites aux environs, comme Trianon à côté de Versailles, qui leur paraissent subordonnés, et qui pouvaient être habités par des Fourmis, comme elles soumises au même maître; ces incrédules, ces raisonneurs, leur disent: en vérité, nos amies, vous êtes bien bonnes et bien dupes de vous laisser séduire par cette horde d'hypocrites, qui n'attendent leur existence que de votre abrutissement, et qui entr'eux se jouent même de votre crédulité.

Les livres où ils puisent cette doctrine merveilleuse, qu'ils ont l'effronterie de dire dictée par le grand Être, par le maître de ce parc, à une Fourmi privilégiée, dans la fourmilière la plus éloignée d'ici, au sommet d'une roche, sont si remplis d'inepties et d'absurdités, si contradictoires entr'eux, si opposés à toutes les lois de la nature, qu'il n'y a que l'ignorance et la barbarie du siècle où on les suppose écrits, qui puisse leur servir d'excuse ; plusieurs d'entr'eux renferment même des obscénités, des infamies si révoltantes, qu'on serait tenté de croire qu'ils ont été fabriqués dans un bord . . (3) ; et c'est dans ce fatras d'historiettes impures, de contes bleus, que ces misérables imposteurs vont puiser l'origine de leur pouvoir sacerdotal, à l'aide duquel ils dominent la multitude dans presque toutes les fourmilières !

Nous ne pouvons pas vous dire d'une manière bien positive, quoique nous ayons étudié et médité tout ce qui a été dit à ce sujet par les plus célèbres Fourmis jusqu'à nos jours, si tout est éternel dans le principe et dans la durée, ou s'il existe une cause première, intelligente, qui a tout créé; car de quelque manière que ce soit, il faut toujours concevoir ou admettre, ou admettre sans concevoir, une éternité; et nous sommes forcés même de vous avouer qu'en admettant l'éternité de la cause première, nécessairement existante, nous ne faisons que doubler la difficulté en croyant nous tirer d'affaire, puisqu'il nous faut dans ce cas concevoir une création de toute chose, qui est encore plus difficile à croire que leur éternité, et qui est même, à y bien réfléchir, un mot absolument vide de sens; mais n'importe, admettons une cause première, infinie, intelligente et existante par elle-même, pour ne pas trop effaroucher nos bonnes amies, et sans rien répondre aux objections de quelques pointilleuses qui pourraient prétendre, peut-être, que cet être infini et éternel sera, dans cette hypothèse, l'univers même, puisqu'il est prouvé, comme deux et deux font quatre (4), qu'il ne peut y avoir deux infinis : qu'en résultera-t-il ? Quel parti en tireront vos inspirés pour accréditer parmi vous leurs vieilles fables, leurs fictions dégoûtantes, toutes copiées les unes sur les autres, de peuplades en peuplades ? Quel rapport, quelle correspondance peut-il y avoir entre ce qui est infini en grandeur, et ce qui est infini en petitesse ?

Eh ! croyez-vous, insensées que vous êtes, que quand le grand Être, le maître de ce palais, là haut, a quelques promenades à faire, quelques fêtes à donner, quelques bosquets à faire abattre, il doive s'en abstenir, dans la crainte que le bruit du canon et de la mousqueterie ne vous épouvante, dans la crainte que toutes ces opérations ne vous dérangent, ne vous blessent, ou ne vous tuent ; qu'il fera attention si vous vous mettez sur vos pattes ou sur votre cul, en marmottant quelques vieux mots inintelligibles, pour le prier de n'en rien faire ; si vous frottez quelques grains de sable les uns contre les autres, pour faire un peu de bruit ; si vous mangez, dans certains jours de l'année, des brins d'écorce, ou quelques débris de vers de terre, etc. quel pitoyable rôle pour une Divinité ? Et ne serait-ce pas le comble de la démence, d'imaginer que le maître tout-puissant d'un aussi vaste empire, ait continuellement les yeux fixés sur toutes les petites singeries qui vous occupent si sérieusement dans vos misérables fourmilières ?

Vous n'êtes que des atômes imperceptibles dans ce parc, qui lui-même est un autre atôme imperceptible dans l'immensité de l'univers, et vous voulez qu'il intervertisse à tous momens le cours des lois qu'il aura faites ; qu'il rompe la chaîne de tous les évènemens qui doivent en résulter, pour la conservation du petit tas de boue sur lequel vous faites, si bêtement, les importantes ?

Vos docteurs, c'est-à-dire, vos charlatans fourrés, font un bruit épouvantable dans vos habitations, avec leurs grands mots de *prescience*, de *liberté*, de *nécessité*, dont ils n'ont aucune idée, avec leur *grâce efficace et suffisante*, qui ne suffit pas ; avec les qualités éminentes qu'ils donnent à l'Être suprême, dont ils se déclarent les protecteurs (5), et dont ils vous peignent le caractère très-irascible, à l'instar du leur, comme si le bien et le mal que vous éprouvez, physique ou moral, étaient un bien et un mal pour lui ; comme s'il pouvait être offensé, réjoui, inquiet de tous les petits mouvemens qui troublent votre repos, de toutes les petites querelles qui vous agitent, de ces grandes calamités qui vous affligent quelquefois, comme guerres, famine, inondations, etc. Eh! que lui importe qui de vous commande et qui obéisse; que lui importe comme les mâles et les femelles s'accouplent ensemble; qu'un grain de sable appartienne à telle ou telle Fourmi; qu'une ornière ou un caillou serve de limite à quelques-unes de vos fourmilières; qu'il y en ait de totalement détruites ou dispersées? En vérité, ne serait-il pas un idiot à votre image, s'il était toujours aux aguets de vos plaintes, de vos prières, de vos actions de grâce, qui au fond ne seraient pour lui que des outrages, si toutefois des Fourmis pouvaient offenser une Divinité?

Enfin, réfléchissez sérieusement, et vous verrez que toutes ces erreurs qui détraquent vos petites cervelles et font le tourment continuel de votre vie, viennent premièrement de ce qu'on vous a persuadé dans votre enfance, que vous étiez des êtres privilégiés, d'une espèce toute particulière et bien supérieure, à beaucoup d'égards, au reste des animaux vos confrères, pour qui seuls tout avait été arrangé et ordonné dans ce parc ; en second lieu, de ce que vos inspirés ne pouvant avoir de son architecte, du premier auteur et moteur de toutes choses, aucune idée distincte, vous l'ont représenté tout semblable à eux, jusqu'à la barbe inclusivement, lui ont prêté tous leurs vices, leurs besoins et leurs passions, et en ont fait une misérable petite Fourmi, qui est descendue d'abord dans un coin le plus ignoré du parc, afin d'y créer d'autres Fourmis pour l'habiter; qui un moment après, s'est mis en colère contre elles, et les a chassées de l'espèce de jardin où il les avait placées, en prononçant la proscription de toute leur postérité, pour avoir donné dans un piège grossier qu'il leur avait tendu, et dans lequel il savait bien qu'elles se laisseraient prendre ; qui ensuite après s'être avisé de naître d'une race de voleurs, d'incestueux et de prostituées, est venu à propos de bottes, se faire pendre au milieu de la fourmilière la plus abjecte, et descend de son palais comme un pantin, une marionnette, plus de quarante mille fois par jour, à la seule voix de ces mêmes inspirés, pour se faire avaler et digérer par eux sans que les physiologistes et les curieux aient jamais pu savoir ce qu'il devient après cette mystérieuse digestion (6).

Mais laissez-là tous ces honteux préjugés, toutes ces historiettes absurdes dont on vous a malheureusement bercées dans votre jeune âge ; osez penser par vous-mêmes ; grimpés comme nous sur une roche, ou au sommet de quelques platanes, observez tout ce qui vous environne : vous découvrirez une immensité de terrains et d'autres parcs dont vous n'aviez aucune idée, qui peuvent être habités par des Fourmis ou autre espèce d'animaux encore plus intelligens que vous ; votre imagination sera autant effrayée de leur multitude innombrable, que de l'impossibilité d'assigner aucunes bornes, aucunes limites à l'espace qu'ils parcourent, espace aussi infini qu'indéfinissable, et alors vous reconnaîtrez bon gré, malgré vous, que vous n'êtes réellement que des insectes orgueilleux, rampans sur un grain de sable dont la petitesse est incalculable dans le système général de l'univers ; que par conséquent, il n'y a qu'un excès de démence qui puisse vous faire croire dignes de l'attention particulière et perpétuelle de celui qui régit un aussi vaste empire, et que vous n'avez autre chose à faire sur ces petits tas de poussière où vous vivez en société, comme les abeilles, les singes, les castors, etc. qu'à vous servir de la portion d'instinct, ou de raison qui vous rend supérieures à eux, et qui n'est que le résultat d'une organisation plus parfaite, pour y rester le plus long-temps qu'il vous sera possible et y être autant heureuses (7) qu'une Fourmi raisonnable puisse l'être dans une fourmilière, quand elle sait concilier son intérêt particulier avec celui de ses semblables, faire le bien pour le bien, sans calcul de récompenses idéales, souffrir avec courage le mal qu'on ne peut éviter, et avoir le courage de cesser d'être (8), quand ce mal est sans remède; chérir la vérité et la justice, en riant de la folie et des sottises d'autrui, parce que la gaieté aide à la digestion, et enfin, en ne troublant sous aucun prétexte l'ordre social établi parmi vous, de quelque manière qu'il le soit.

Si cet ordre ne vous convient pas, allez en chercher un meilleur; allez sans bruit, vous établir dans quelques autres peuplades dont les gouvernans, forts, sages et éclairés, fassent aimer et desirer leur gouvernement, sans courir après des chimères, après une perfection qui n'est pas dans la nature, et sachant vous fixer là, où vous trouverez les moins mauvaises lois en usage; là, où le sacrifice d'une partie de votre liberté, vous assurera la jouissance entière de celle qui vous reste, à moins que vous ne préfériez de vivre isolées, dans quelques creux de rochers escarpés et presque inaccessibles, où vous n'entendrez ni *tien* ni *mien*, et où vous jouirez de la plénitude de votre liberté, à la manière des chenilles et des grillons.

Voilà toute la science que vous devez avoir et que vous devez chercher à acquérir, si vous ne l'avez pas : il vous était impossible dans votre enfance de ne pas sucer avec le lait de vos nourrices, les faux principes qu'on vous a inspirés; mais dans un âge mûr, élevez-vous à la dignité d'une Fourmi raisonnable! Que le croassement des corbeaux ne vous épouvante pas; faites une revue réfléchie de ces mêmes principes, de ces préjugés honteux dont vous n'avez cessé d'être les esclaves, et dès-lors cet examen vous conduira à la connaissance des motifs secrets qui ont dirigé vos premiers instituteurs, des absurdités inconcevables, dont ils ont farci le premier petit livret qu'ils ont mis entre vos mains pour corrompre votre jugement, préparer le germe du fanatisme (9) le plus décidé, et vous apprendre de bonne heure à déraisonner méthodiquement tout le reste de vos jours.

C'est d'un côté, en vous ouvrant les portes d'un palais magnifique qui vous est destiné, et où vos places sont marquées au milieu d'une cour céleste; c'est de l'autre, en vous faisant des peintures affreuses de tourmens éternels, de goufres toujours prêts à s'entr'ouvrir sous vos pas; c'est tantôt en vous élevant à la hauteur du monarque qui habite ce palais, de l'*éloïme* auquel ils vous identifient; c'est tantôt en vous ravalant à la condition des animaux les plus brutes, les plus stupides, que ces maîtres en imposture sont parvenus à subjuguer votre imagination, et à étouffer en vous toutes les inspirations des lumières naturelles : ils n'ont inventé cette spiritualité dont ils vous bercent, et qu'ils ne conçoivent pas plus que vous, ces deux êtres dans un seul être, que pour vous tenir dans leur dépendance absolue, se rendre par leur médiation idéale, les arbitres de vos destinées, et remplir tout le cours de votre vie d'illusions, de vaines espérances et de terreurs paniques.

Mais comme nous vous l'avons déjà dit, et comme on ne saurait trop vous le répéter, vous n'êtes que des portions infiniment petites d'une substance unique, à laquelle vous donnerez tel nom que vous voudrez, *Esprit*, *Dieu*, *Matière*, *etc*; tout ce qui existe n'est que l'effet nécessaire des modifications éternelles et successives de cette substance, occasionnées par le mouvement qui lui est essentiel; la faculté que vous avez de penser, de raisonner, n'est qu'une propriété particulière de cette substance, commune plus ou moins à tous les animaux de ce parc, qui ne peut être regardée comme un être quelconque, de même que l'élasticité, la ductilité, la gravitation, le magnétisme, sont des propriétés des corps, résultantes de leur combinaison différente, et non une substance distincte d'eux-mêmes, inhérente avec eux (10); et quand vous mourrez, vous ne ferez, comme l'a dit, il y a long-temps, une de nos plus célèbres Fourmis, *que redevenir ce que vous étiez avant de naître*, c'est-à-dire, que vous rentrerez dans la masse des élémens qui serviront à former d'autres modalités, d'autres individus de toute espèce.

A de pareils raisonnemens, il n'y avait que des injures à répondre : aussi toutes les richesses de la langue, en personnalités et en invectives, furent-elles employées de la part des vaincus pour cacher leur défaite aux yeux de leurs prosélytes ; et qu'arriva-t-il enfin de toutes ces misérables discussions, de ces querelles interminables entre les croyans et les non croyans ? Les Fourmis nées avec un peu de bon sens naturel, sentirent aisément combien elles avaient été trompées dans leur enfance par ces prétendus inspirés (11), et dès-lors ils ne furent plus pour eux qu'un objet de mépris et de pitié ; mais la multitude qui n'est et ne sera jamais qu'un troupeau de bétail, qu'un tas d'automates de tous rangs et de toutes conditions, en sarraux comme en manchettes de dentelle, bien loin de secouer leur joug, s'ameuta dans plusieurs fourmilières, à l'instigation des plus furieuses d'entr'elles, et exerça contre les pauvres incrédules qui avaient osé parler raison, la rage la plus complète ; ils furent enfermés, brûlés, assassinés dans bien des cantons, au nom de la Fourmi-Dieu, de la Fourmi pendue, et un grand nombre de ces forcenées, profitant de quelques roseaux que le vent agitait sur un des grands canaux du parc, poussèrent le délire jusqu'à passer d'une rive à l'autre, pour aller s'entr'égorger avec de paisibles peuplades étrangères, qui, de mémoire de Fourmi, n'avaient entendu parler d'elles, le tout pour leur apprendre que cette Fourmi merveilleuse était le seul maître qu'elles devaient révérer; qu'elles avaient eu tort de le pendre; en sorte que Dieu, mécontent de l'usage qu'elles faisaient de la faculté qu'il leur avait donnée de s'entendre et de raisonner, faculté qui n'avait servi qu'à les constituer dans un état perpétuel de déraisonnement, mécontent sur-tout de l'esprit de vertige qui s'était emparé de la plupart d'entr'elles, et les avait portées à toutes les fureurs de l'intolérance et du fanatisme, les fit toutes rentrer bien vîte dans l'état où elles étaient et où elles sont encore aujourd'hui.

———

NOTES.

(1) Tout le monde sait ou doit savoir qu'il n'y a d'absolument certain que ce qui est démontré mathématiquement, comme il n'y a rien d'impossible que ce qui implique contradiction : en sorte que tout ce qu'on appelle vérités historiques, ne sont que des probabilités plus ou moins grandes, dont le calcul est arbitraire ; qu'il n'y a point de demi-vérités, et que cent mille probabilités ne feront pas plus une certitude que cent mille zéros ne font une unité ; mais ce que tout le monde ne sait pas, ce dont peu de personnes conviendront, et ce qui n'en sera pas moins vrai, quoique cela paraisse un paradoxe au premier abord, c'est que hors les cas où des propositions démontrées comme celles d'*Euclide*, commandent un assentiment général, chacun a raison pour soi, dans les jugemens qu'il porte, quelque discordans qu'ils soient avec les jugemens des autres. Que l'on y réfléchisse, et on verra que ce jugement, en dernière analyse, ne peut être que le résultat de notre manière de voir les choses ; que cette manière de voir, dépend absolument de notre organisation et de notre éducation, et par conséquent qu'il nous est impossible de

juger autrement. Combien cette vérité bien sentie, serait propre à éteindre toutes les fureurs de l'intolérance, et à nous inspirer de pitié pour ceux qui par suite de leur mauvaise constitution physique et morale, se portent à des excès que l'intérêt général, c'est-à-dire, la raison d'état, doit faire sévèrement réprimer !

(2) Le mot ciel est un mot vide de sens, dans la bouche du vulgaire : demandez à l'aumônier d'un vaisseau Espagnol ou Portugais qui fera le tour du monde, où est le ciel, le paradis, où est l'enfer; à quelque latitude que ce soit, il placera l'un au-dessus de sa tête, et l'autre sous ses pieds, en sorte qu'à son retour, il aura peuplé tout l'univers de paradis et d'enfers confondus ensemble.

(3) On n'a mis ici que les lettres initiales, d'un mot qui se trouve tout entier dans l'original, et que réprouve la délicatesse de notre langue; mais quelle irrévérence, quelle profanation des choses saintes ! Ces Anglais sont terribles avec leur liberté de penser, avec leur *Collins* !

Note du Traducteur.

(4) Rien n'est plus commun en Angleterre, comme en France, même parmi les gens de lettres,

que cette expresion : *cela est vrai comme deux et deux font quatre*, et rien n'est plus absurde ; car n'étant pas possible de prononcer ces mots, deux et deux, qui sont le premier terme, le sujet de la proposition, sans avoir dans l'esprit l'idée du nombre quatre, c'est exactement comme si on affirmait que quatre font quatre, qu'un cheval est un cheval ; proposition purement identique, comme tous les prétendus axiômes de cette espèce, qui peut bien être tolérée dans une conversation familière, mais tout-à-fait ridicule dans un ouvrage sérieux. *Note du Traducteur.*

(5) Si on eût dit à Louis XIV que quelques Fourmis de son parc disputaient gravement en bonnets quarrés, et s'entr'égorgeaient pour prouver, *à priori*, qu'il existait, qu'il était *ens à se et per se;* qu'elles étaient faites à son image ; qu'il était le maître chez lui, etc. assurément il ne l'aurait pas voulu croire, ou il n'eût pû s'empêcher d'en rire : si on lui ajoute que lorsqu'en se promenant dans ses jardins, il donne par hasard du pied contre une fourmilière, les Fourmis éperdues qui échappent au bouleversement général, crient à tue-tête que tout est rentré dans le cahos ; que le parc entier est ébranlé dans ses fondemens ; qu'à cette occasion tous les beaux esprits du pays, poëtes, historiens, journalistes,

se mettent à la torture pour transmettre à la postérité ces désastres affreux, occasionnés par la proximité de quelques volcans, et signes certains de la colère du ciel, il aurait ri encore.

(6) Que des Fourmis affamées, dans quelques contrées arides, se mangent les unes les autres, encore passe ! Mais que d'autres qui se croient bien plus policées, qui font des cours publics de morale, qui ont même en horreur ces Fourmis antropophages, avalent leur Dieu tous les matins, comme une pilule, et croient bonnement avoir le pouvoir de faire descendre, bon gré malgré lui, dans leurs pattes de devant, quelquefois encore sales de l'usage qu'elles en ont fait la nuit ; en vérité c'est un excès de délire que les générations futures de Fourmis ne voudront pas croire un jour, et qu'elles rangeront dans la classe des Mille et Une Nuits.

(7) Les Philosophes de tous les pays et de tous les siècles, ont recherché en quoi consistait le bonheur, qu'ils ont placé par-tout où il pouvait ne pas être, richesses, honneurs, vertu, santé, etc. tandis qu'il est réellement, et ne peut être que dans l'opinion particulière de chaque individu, et dont par conséquent personne ne peut juger. Un Capucin qui se fouette régulièrement dans

sa cellule, est parfaitement heureux, et n'a aucun mérite de se fouetter, s'il est bien persuadé que cette fustigation momentanée lui vaudra une béatitude éternelle.

(8) Il paraît que l'auteur a ici en vue le suicide; mais il n'a pas réfléchi que rien n'est plus impolitique pour ses fourmilières, puisqu'il y veut de l'ordre : ce n'est, il est vrai, que l'effet du *tædium vitæ,* si commun dans sa patrie, ou qu'une affaire de calcul, une affaire d'arithmétique, comme l'a dit *Montesquieu.* Cependant, il n'en est pas moins constant qu'il y a beaucoup de danger à propager une pareille doctrine, parce que quiconque est décidé à se donner la mort, devient maître de la vie de qui bon lui semble : il y a environ vingt ans que je fis insérer dans le Journal de Paris, cette réflexion dont je me glorifiais d'être l'auteur; mais je l'ai retrouvée depuis dans les Essais de Montagne, et ensuite dans Sénéque, en sorte qu'il est bien étonnant qu'elle ait échappé à l'illustre auteur de l'Esprit des Lois.
Note du Traducteur.

(9) Le fanatisme religieux de la multitude, pour lequel elle a un penchant presqu'irrésistible, est mille fois plus dangereux pour la stabilité et

la tranquillité des Empires, que le matérialisme qu'elle est incapable de jamais concevoir, et pour lequel elle manifeste, par cette raison, l'horreur la plus marquée. Les Juifs, il est vrai, qui n'ont eu aucune connaissance de la spiritualité de l'ame et d'une autre vie, jusqu'au temps de Philon et de l'historien Joseph, peuvent bien être considérés comme des matérialistes à certains égards; mais ils admettaient une cause première et intelligente qui distribuait des peines et des récompenses temporelles, et leur gouvernement théocratique légitimait tous les crimes auxquels les excès de la superstition pouvaient les porter, quand ils leur étaient utiles. Cette superstition, presque naturelle à la masse du peuple, a dans tous les siècles, inondé de sang toute la surface de la terre; et quant aux hommes d'Etat, qui ignore que le stoïcisme, cousin germain de l'athéisme, fut la secte de l'antiquité la plus accréditée, la plus féconde en vertus héroïques; qu'elle produisit les *Trajan*, les *Antonin*, les *Marc-Aurèle*, qui gouvernèrent le monde en Dieux bienfaisans, tandis qu'on a vu des *Charles IX*, des *Henri III*, des *Philippe II*, le chapelet à la main, ordonner froidement des massacres, et immoler une partie de leur nation aux vertiges religieux de l'autre?

(10) Sans le profond respect que j'ai pour la mémoire de mon illustre compatriote, *Isaac Newton*, j'aurais dit : *de même que la lumière n'est qu'une propriété, un accident du feu* ; mais je ne veux de procès, ni avec les vivans ni avec les morts. Je laisse aux générations futures à apprécier ces sublimes théories qui, en se succédant de siècle en siècle, sur les mêmes sujets, ne font qu'indiquer les bornes et la faiblesse de l'esprit humain : il faut trente ans d'études et de méditations, pour apprendre qu'on ne sait rien ; et qui sait douter comme *Bayle* et *Montagne*, les précurseurs et les précepteurs des philosophes modernes ?

(11) Il y a par-tout, et en Angleterre plus que par-tout ailleurs, des ministres de tous les cultes, très-respectables par leur modération, leurs lumières et leur bienfaisance, qui ne doivent pas être confondus avec cette *espèce de saltimbanques, dont l'ignorance et la dépravation des mœurs sont un scandale public, et qui, très-malheureusement, forment la classe la plus nombreuse d'entr'eux.*

Note du Traducteur.

POST-SCRIPTUM.

Si quelques croyans de bonne foi parvenaient avec beaucoup de pénétration d'esprit, à découvrir que cette allégorie ne peut regarder que l'espèce humaine comparée aux Fourmis du parc de Versailles, et la prétendaient autant injurieuse à leur dignité, que dépourvue de justesse, comme presque toutes les comparaisons; ne pourrait-on pas leur répondre, sans chercher à les désabuser, que son principal défaut, dans cette hypothèse même, serait de ce qu'on ne peut réellement comparer le fini avec l'infini, le souverain d'un empire avec le maître de l'univers; que par conséquent, les raisonnemens des Fourmis raisonneuses, n'en acquerraient que bien plus de force, qu'ils resteraient même sans replique? Et en effet, s'il est vrai qu'on ne puisse supposer, sans une démence absolue, que le souverain d'un Etat quelconque ait jamais fait une attention particulière et continuelle aux insectes de son territoire, à plus forte raison ne peut-on pas admettre que Dieu, s'il en existe un (1), dans le sens que le vulgaire l'entend, ait perpétuellement les yeux fixés sur des animalcules appelés hommes, qui rampent sur un petit grain de sable perdu dans l'immensité de l'espace, et qu'il soit très-sérieusement occupé de leurs petites momeries, de leurs disputes et de leurs pensées, quelque degré d'importance qu'ils puissent y attacher?

Mais voici une autre objection plus spécieuse, que ces mêmes personnes pourraient élever : pourquoi faire dire à des Fourmis ce que les plus célèbres philosophes de l'antiquité et de nos jours, n'ont pas osé dire ouvertement, et ce qu'ils ont cru nécessaire de déguiser aux peuples parmi lesquels ils vivaient? Pourquoi déchirer le voile qui dérobe à la multitude les lisières dont on se sert pour la diriger, et si une religion quelconque lui est absolument indispensable, comme tout le monde est forcé d'en convenir, pourquoi établir une doctrine dangereuse, et des principes destructifs de toute religion ?

A cela il n'y a que deux mots à répondre : les vérités abstraites, les vérités métaphysiques sont et seront toujours hors de la portée du peuple ; toutes les académies de l'Europe ne le feront pas sortir de la stupidité où le réduisent, d'un côté, l'état de misère où il ne languit malheureusement que trop, et de l'autre, la cupidité de ses prêtres intéressés à perpétuer son erreur : il ne lit pas, ou parce qu'il ne sait pas lire, ou parce qu'il n'a pas le temps de lire ; s'il lit des ouvrages abstraits, il n'y comprend rien. Les dix-neuf vingtièmes des hommes, dans les pays les plus policés, ne connaissent que leur catéchisme (2) et leurs almanachs, et sont beaucoup plus occupés du soin de leur existence que de disputes polémiques ; ils ignorent jusqu'au nom d'*Homère* et d'*Aristote*, de *Newton* et de *Léibnitz*, dont ils n'ont jamais entendu parler.

Ils forment la masse générale du peuple, et parmi la vingtième partie qu'on peut en excepter à-peu-près, il y en a dix-neuf autres vingtièmes environ, qui ayant reçu quelqu'espèce d'éducation, s'en tiennent tout machinalement à ce qu'ils ont appris de leurs prêtres et de leurs nourrices ; qui croiraient que deux et deux font cinq, comme ils croient que trois ne font qu'un, si on leur disait qu'il faut le croire parce que c'est incroyable, et que cela a été cru depuis long-temps par de graves personnages ; ne lisant que les inepties qui peuvent entretenir leurs erreurs, et regardant tous les ouvrages qui pourraient les désabuser, comme des pièges tendus par le démon pour les pervertir, et effacer les impressions heureuses qu'ils ont reçues dans leur enfance.

Enfin, ce dernier vingtième peut encore être divisé en trois classes bien distinctes ; la première et la plus nombreuse, composée de ce qu'on appelle Déistes, Sociniens, Unitaires, etc. à qui l'absurdité de tous les dogmes religieux, inspire une aversion, un mépris égal pour tous les cultes, et qui avec des connaissances étendues, mais un jugement timide, n'admettent un premier moteur et une vie future, que parce qu'ils sont effrayés des conséquences dangereuses qu'entraînerait, selon eux, une opinion contraire.

La seconde, formée de ceux qui, soit par un esprit de calcul, soit par une insouciance absolue et une apathie naturelle, doutent presque de tout, et ne s'inquiètent de rien : aussi indifférens sur le passé que sur l'avenir, ils se contentent de jouir du présent, le mieux qu'ils peuvent, et professent un septicisme d'autant plus favorable à leurs dispositions, qu'il les dispense de toutes controverses, de toutes disputes ; c'est ce qu'on appelle Pyrrhonniens, Eclictiques, Quiétistes, etc.

La troisième classe enfin, et la moins nombreuse sans contredit, comprend ceux que l'on désigne sous les noms de Matérialistes, Athées, Fatalistes, etc. qui n'ayant d'autre guide que la raison seule, qui est innée avec eux, et n'ayant pas le bonheur d'être éclairés par aucunes révélations mystiques, avouent franchement (3) qu'ils ne voient dans la nature qu'une seule substance, nécessairement et éternellement existante, et qui sont convaincus que tout ce qui tombe sous leurs sens, ne peut être qu'une portion de cet être unique, modifiée à l'infini par le mouvement qui fait partie de son essence, comme l'étendue et la solidité.

D'où l'on voit que la population de l'Europe étant évaluée à environ deux cent millions d'habitans, ces derniers n'y sont pas dans la proportion d'un à dix mille ; que par conséquent, ils ne peuvent être dangereux sous aucun rapport, sur-tout si l'on considère qu'ils sont intéressés eux-mêmes à ne pas troubler le repos public, le repos dans ce monde, puisqu'ils n'en attendent point d'autre, et que leur doctrine vraie ou fausse, exige des conceptions si élevées, des méditations si profondes, qu'il n'y a pas à craindre que le commun des hommes, même des beaux esprits, des faiseurs de calembours, puisse jamais y atteindre.

Leucippe, *Démocrite*, *Epicure* enseignaient publiquement et paisiblement à Athènes, le système des atômes ; *Lucrèce*, pour le propager dans sa patrie, l'orna de tous les charmes de la poësie et de l'éloquence; on chantait sur les théâtres de Rome : *Post mortem nihil est, ipsaque mors nihil*. *Pline* a commencé son histoire naturelle par une profession publique d'athéisme (la matière est une, infinie et éternelle); et qui doute que *Buffon* n'eût commencé la sienne de même, s'il eût eu le bonheur de vivre sous des *Tites* et des *Vespasiens*, sous un B....., s'il n'eût craint la Sorbonne et la Bastille ?

Il est vrai que beaucoup d'autres philosophes aussi célèbres, tels que *Hobbes, Shaftesbury, Bolimgbrock, Voltaire* (4), *Montesquieu, d'Alembert, etc.* dont les opinions en fait de matérialisme, ne sont pas équivoques, affectaient dans la plupart de leurs ouvrages avoués, de reconnaître une cause première, intelligente, rémunératrice, et paraissaient ménager la religion dominante dans leur pays; mais cette circonspection de leur part, commandée par les circonstances où ils se trouvaient, n'en imposait pas aux gens instruits qui savaient saisir les pensées de ces grands hommes à travers les nuages dont ils étaient forcés de les envelopper, pour échapper à la persécution. Quant à ceux qui ne lisent que pour se distraire un moment, qui en lisant sont beaucoup plus occupés du style et des mots, que des choses, il suffit que deux ou trois idées exigent de leur part un peu d'attention, pour qu'ils jettent le livre de côté, en se récriant qu'on n'y conçoit rien, *que c'est de la métaphysique toute pure*, c'est-à-dire, que cela passe la sphère de leur petite intelligence : pour eux, les œuvres posthumes de *Spinosa* (5), où le matérialisme est démontré mathématiquement, ne sont pas plus dangereux que les maximes de *la Rochefoucaut*, où il est caché sous mille formes différentes.

Ainsi, les écrits philosophiques ne peuvent, dans quelque cas que ce soit, produire un mauvais effet sur l'esprit du peuple (6): nous venons de dire qu'ils étaient absolument nuls pour la multitude qui, ne sachant pas lire, et n'ayant pas le temps de lire, ne peut presque faire aucun usage de ses facultés intellectuelles ; ils sont nuls encore pour la plus grande partie des autres, parce que le titre seul les effraie, que la lecture leur en est sévèrement interdite, et que d'après leurs préjugés, c'est un crime capital pour eux de chercher à s'instruire, de vouloir sortir de la route commune. Il ne reste donc qu'un très-petit nombre de gens réfléchis, exercés aux discussions spéculatives, qui soient en état de les lire et de les comprendre, par conséquent incapables (les fanatiques exceptés), d'abuser des erreurs qui pourraient s'y être glissées, et de leur donner de la publicité : ce sont pour la plupart des philosophes eux-mêmes, sages et tranquilles, dont le principal objet, dans la recherche de la vérité, est d'accroître la masse des lumières utiles aux hommes, de détruire peu à peu leurs préjugés funestes, et de leur apprendre sur-tout, que ce qui leur importe le plus dans ce monde, est d'y vivre le mieux et le plus long-temps qu'ils peuvent, en paix les uns avec les autres, quelle que soit leur religion, et d'y respecter les lois, les usages généralement reçus, soit qu'ils croient à une autre vie, soit qu'ils n'y croient pas.

NOTES.

(1) Un capitaine Suisse, retiré derrière un buisson, à la veille d'une bataille, s'écriait: mon Dieu, s'il y en a un, ayez pitié de mon ame, si j'en ai une!

(2) La doctrine du manichéisme, beaucoup plus ancienne que *Zoroastre* et *Manès* à qui on l'attribue, c'est-à-dire, un bon et un mauvais principes sous quelque nom, sous quelque forme que ce soit, auteurs du bien et du mal qui arrivent aux hommes sur toute la surface du globe, voilà pour le vulgaire le fond réel de tous les catéchismes, et la base unique de toutes les religions du monde: une multitude de cérémonies, toutes plus bizarres et plus extravagantes les unes que les autres, puisque l'on a vu dans certains pays porter en procession les organes de la génération, le *Phallum* des anciens, et dans d'autres, des Santons nus, sales et crasseux, le donner publiquement à baiser aux dévotes de leur voisinage, en voilà la seule différence. Quant à tous ceux qui raisonnent et qui savent raisonner, en quelque lieu que ce soit, l'amour de soi, qui est l'épouvantail des sots et des cagots, qui n'en est pas moins en morale ce que le mouve-

ment est en physique, c'est-à-dire, le principe de toutes les actions humaines, et qui ne va jamais sans l'amour de ses semblables, quand il est bien entendu, bien réfléchi, établit tout naturellement cette morale universelle qui tient lieu de religion aux gens sensés, et leur apprend même qu'ils doivent respecter les préjugés religieux du peuple, jusqu'à un certain point, en laissant au temps, à l'instruction et à la persuasion, le soin de les détruire, ou au moins de les rendre compatibles avec les préceptes d'une tolérance absolue, dès qu'il lui faut une religion quelconque.

(3) La franchise des athées qui cultivent tranquillement les sciences et les lettres dans le silence de leur cabinet, dans le commerce de quelques amis, de quelques initiés, qui conviennent de bonne foi des principes philosophiques qu'ils professent, sans cependant en faire une parade ridicule, sans s'ériger en sectateurs, est pour ainsi dire, un gage assuré de l'austérité de leurs mœurs ; tandis que l'hypocrisie de cette nouvelle espèce de *Tartufes*, qui avec les mêmes opinions, et sans aucun caractère public, affectent de sonner perpétuellement le tocsin contr'eux, en faisant cause commune à cet égard, avec les fanatiques les plus outrés, est infiniment plus dangereuse pour la société, en ce qu'ils

ne jouent un rôle aussi inconséquent, que pour abuser de la confiance qu'ils veulent inspirer, et tirer quelque parti de la crédulité publique. Toutes les fois que j'entends des gens me parler sans cesse de vertu, de morale, je suis toujours tenté de mettre mes mains sur mes poches.

(4) Dans cent volumes des ouvrages de *Voltaire*, on ne trouverait peut-être pas quatre pages où il ait montré son athéisme à découvert, sans équivoque et sans plaisanterie, tant il redoutait la persécution! Il avait même l'air de combattre celui du roi de Prusse, dans ses disputes avec lui, sur la fatalité et le libre arbitre, et ce n'est que dans quelques lettres confidentielles à *Diderot*, à *d'Alembert*, à *Dargental*, etc. qu'il ne déguisait rien de ses vrais principes, en se plaignant amèrement avec eux de la nécessité de les dissimuler : par-tout ailleurs, non-seulement il professe ouvertement le déisme le plus décidé, avec quelques ménagemens dérisoires pour la religion de ses pères, mais encore il combat le matérialisme, toutes les fois que l'occasion s'en présente, et on aurait d'autant plus de tort de vouloir le juger d'après ses ouvrages, avoués et publiés de son vivant, qu'il dit, avec presqu'un ton de colère, dans une lettre à la

marquise *du Défant* qui lui reprochait quelques inconséquences, au sujet de sa communion pascale à Ferney : *sachez, Madame, que quand j'écris pour le public, je ne dis pas toujours tout ce que je pense.*

S'il eût voulu dire tout ce qu'il pensait, il n'aurait pas fait les frais d'une érudition immense, de recherches prodigieuses, pour prouver que les Juifs n'étaient pas le peuple de Dieu, que Moïse était un fourbe ou un nom supposé ; que les serpens et les ânesses n'avaient parlé dans aucun temps ; qu'il y avait à Babylone et à la Chine, des observations astronomiques, antérieures de trois à quatre mille ans à l'historiette de la création de Moïse ; que les livres juifs avaient été copiés sur le *Veidam* des anciens Brachmanes, etc. Il aurait dit tout uniment, comme *Pline* : *la matière est une, infinie et éternelle*; donc il n'y a point de peuple de Dieu, donc, etc. etc.; cela eût été bien plus court et bien plus clair ; mais cette clarté lui eût coûté peut-être, la liberté ou la vie.

(5) Tout n'est pas démontré dans le système de *Spinosa* : il s'y trouve bien des erreurs et bien des contradictions qui ont été complètement réfutées par *Bayle*, moins philosophe que lui, mais meilleur dialecticien, et il est étonnant

qu'un aussi vaste génie, qui différait de tous les athées de l'antiquité, en ce qu'il prétend (page 13, édition de Foppens), « que l'être absolu n'est ni pensée, ni étendue exclusivement l'une de l'autre; mais que l'étendue et la pensée, sont des attributs nécessaires de l'être absolu, » ait ajouté dans sa profession de foi, (page 44.), que l'idée de Dieu comprise sous celle de l'infinité de l'univers, ne le dispense pas de l'obéissance, de l'amour et du culte qu'il lui doit, attendu que les lois qu'il a reçues immédiatement de lui, sont celles que les lois naturelles lui font connaître pour vrais guides d'une conduite raisonnable »; car qu'est-ce qu'un atôme recevant des lois de l'infinité de l'univers, un atôme se croyant dans l'obligation de l'aimer, de lui obéir et de lui rendre un culte quelconque?

S'il a dit cela sérieusement, et que ce ne soit pas un jeu de mots pour échapper aux persécutions et aux couteaux des Israélites de sa synagogue, qui lui reprochaient avec assez de raison, de nier l'existence de Dieu, il faut mettre cette profession de foi, avec le commentaire sur l'Apocalypse par Newton qui y découvrit clairement que le Pape était l'antechrist, et la conversation d'un perroquet avec le chevalier Temple, en Amérique, rapportée par le sage Lock, dans son Essai philosophique sur l'entendement humain. *Quandoque bonus dormitat Homerus.*

Note du Traducteur.

(6) Qui croirait qu'au moment où nous écrivons, et où le fanatisme fait tous ses efforts pour ranger sous ses bannières les philosophes les plus distingués, de deux souverains de l'Europe, les plus éclairés, l'un, le *Duc de Virtemberg*, vient de rendre un édit de tolérance universelle; l'autre, le *Duc de Bavière*, vient de permettre à un professeur en théologie de ses États, de lui dédier une nouvelle édition qu'il fait des œuvres de *Spinosa*, regardées généralement comme l'arsenal du matérialisme, tant les écrits philosophiques sont loin de lui paraître dangereux pour les sociétés et pour ceux qui les gouvernent, quand ils n'ont comme lui, que des vues sages et bienfaisantes! Qui croirait encore qu'un autre docteur en théologie, ose proposer publiquement, pour réunir les différentes communions de l'église chrétienne, de statuer en principe *qu'il n'y aurait à l'avenir aucune opinion fixe sur le dogme*, c'est-à-dire, que chacun en penserait, et aurait raison d'en penser ce qu'il voudrait! Mais comme l'annonce le Publiciste judicieux de qui nous tenons ces deux faits, insérés dans son Journal du 10 février dernier, il n'y a pas à espérer

que jamais on voie mettre un terme aux disputes humaines, par les théologiens; et en effet, comment des hommes dont la plupart sont encore au sixième siècle pour les lumières, pourraient-ils se résoudre à oublier leur fameux *compelle eos intrare*; leur maxime favorite, aussi insensée que sanguinaire, et digne de l'exécration de tous les siècles, *hors de notre secte point de salut?* Ce serait un effort de raison et de raisonnement qu'on ne peut attendre d'aucuns docteurs en théologie, fussent-ils des universités de Coimbre et de Salamanque!

Au reste cette proposition de la part d'un théologien, qui ne manque pas d'être anathématisé dans quelques consistoires allemands, et qui aurait été brûlé du temps de *Vanini*, est toujours un acheminement heureux à l'adoption d'une vérité constante que nous avons exprimée dans la première note de cet ouvrage, au mot *évidence,* savoir: que hors les vérités mathématiques, chacun a raison *pour soi* dans les jugemens qu'il porte, quelque discordans qu'ils soient avec les jugemens des autres, même avec les siens, dans des temps différens. Pour peu qu'on y réfléchisse, on sentira aisément que toute opinion ne peut être que le résultat des motifs de conviction, de persuasion, de crédibilité, qui nécessairement la déterminent, et qui variant sans cesse, en raison des différens points de vue sous lesquels ils peuvent être apperçus, des dispositions morales et physiques dans lesquelles nous pouvons nous rencontrer, nous font affirmer dans un temps ce que nous pouvons nier dans un autre, avec la même raison.

On ne commande pas plus à la pensée qu'à la circulation du sang: quelques inspirations mystiques qu'il nous plaise d'imaginer, nous ne sommes pas plus les maîtres de croire vrai ce qui nous paraît faux, que de croire faux ce qui nous paraît vrai; en sorte qu'il est aussi impossible à quelqu'un qui aura lu et médité les ouvrages philosophiques de *Cicéron*, de *Gassendi*, de *Tyndal*, *Spinosa*, *Diderot*, etc. qui aura fréquenté les académies et les lycées; qui aura vécu dans la société des gens de lettres; qui à des connaissances astronomiques, aura joint une étude particulière de l'anatomie et de la physiologie, de ne pas être matérialiste *in petto*, quelque profession de foi qu'il fasse; qu'à tel autre qui n'aura lu que des *chemins du ciel*, *des élans d'une ame dévote*, et autres inepties de cette espèce ; qui n'aura végété que dans un petit cercle de grues et d'idiots de sa trempe, se félicitant entr'eux de leur ignorance et de leur stupidité, plaignant même de la meilleure foi du monde, ceux qui ont le malheur d'être instruits, de ne pas être ouvertement un fanatique et un enthousiaste décidé : et pour peu qu'on y réfléchisse, on sentira aisément que ce prétendu libre arbitre, ce concours merveilleux de grâce efficace, grâce suffisante, grâce de toute espèce, que l'on oppose au *dictamen* de notre conscience, pour en modifier l'impulsion, n'est qu'un pur galimathias scolastique, aussi intelligible pour les maîtres que pour les disciples. *Note du Traducteur*.

F I N.

www.ingramcontent.com/pod-product-compliance
Lightning Source LLC
LaVergne TN
LVHW021732080426
835510LV00010B/1215